Mi biblioteca de ciencias

Utilizo instrumentos científicos

Kelli Hicks

Editora científica:
Kristi Lew

ROURKE PUBLISHING

www.rourkepublishing.com

Editora científica: Kristi Lew

Antigua maestra de escuela secundaria con una formación en bioquímica y más de 10 años de experiencia en laboratorios de citogenética, Kristi Lew se especializa en hacer que la información científica compleja resulte divertida e interesante, tanto para los científicos como para los no científicos. Es autora de más de 20 libros de ciencia para niños y maestros.

www.rourkepublishing.com

Photo credits:
Cover © sevenke, Cover logo frog © Eric Pohl, test tube © Sergey Lazarev; Page 3 © Chamille White; Page 5 © Zou-Zou; Page 7 © sevenke; Page 9 © Rob Marmion; Page 11 © auremar; Page 13 © Ammit; Page 15 © Tracy Whiteside; Page 17 © tonobalaguerf; Page 19 © bendao; Page 20 © Rob Marmion; Page 22 © tonobalaguerf, sevenke, Rob Marmion; Page 23 © auremar, Tracy Whiteside, bendao

Editora: Jeanne Sturm

Cubierta y diseño de página de Nicola Stratford, bdpublishing.com
Traducido por Yanitzia Canetti
Edición y producción de la versión en español de Cambridge BrickHouse, Inc.

Library of Congress Cataloging-in-Publication Data

Hicks, Kelli L.
 Utilizo instrumentos científicos / Kelli Hicks.
    p. cm. -- (Mi biblioteca de ciencias)
 Includes bibliographical references and index.
 ISBN 978-1-61741-729-0 (Hard cover)
 ISBN 978-1-61741-931-7 (Soft cover)
 ISBN 978-1-61236-906-8 (Soft cover - Spanish)
 1. Scientific apparatus and instruments--Juvenile literature. I. Title.
 Q185.3.H53 2011
 502.8'4--dc22
                              2011938852

Rourke Publishing
Printed in the United States of America,
North Mankato, Minnesota
091911
091911MC

www.rourkepublishing.com - rourke@rourkepublishing.com
Post Office Box 643328 Vero Beach, Florida 32964

¿Estás listo para utilizar los instrumentos científicos en el laboratorio de ciencias?

Cuando trabajas, utilizas un lápiz para escribir lo que has aprendido.

Una **lupa** hace que
las cosas pequeñas
parezcan más grandes.

Si es algo muy pequeñito, usa un **microscopio** para verlo.

9

Una cámara fotográfica
puede tomar fotos de
todo lo que ves.

11

Utiliza una **regla** para medir cuán largo es un objeto.

Una **balanza** muestra
cuánto pesa algo.

Mides un líquido en un **vaso de precipitados.**

Un **temporizador** cuenta el tiempo de forma regresiva.

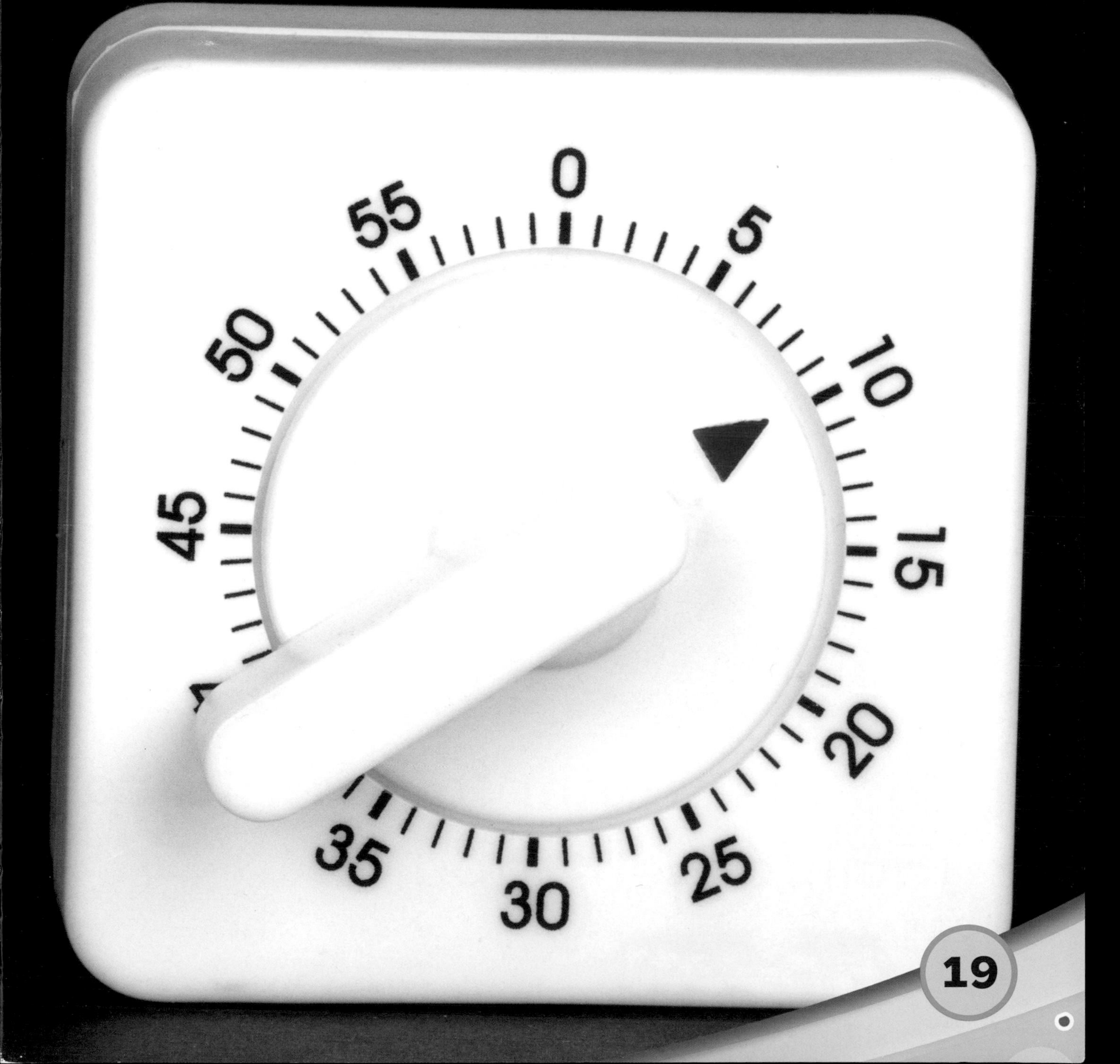
0
5
10
15
20
25
30
35
45
50
55

Los instrumentos científicos facilitan el trabajo.

1. ¿Cómo te ayudan los instrumentos científicos?

2. ¿Por qué necesitarías usar un microscopio?

3. Si fueras científico o científica, ¿qué instrumentos necesitarías?

Glosario ilustrado

balanza:
Una balanza es un instrumento que se usa para pesar cosas.

lupa:
Es un lente de cristal que sostienes en la mano y hace que las cosas se vean más grandes.

microscopio:
Un microscopio tiene lentes poderosos que hacen que las cosas muy pequeñas se vean más grandes.

regla:
Es una pieza plana y larga, de madera, plástico o metal, que se usa para medir la distancia.

temporizador:
Un temporizador es un instrumento que cuenta el tiempo en forma regresiva. Suena un timbre cuando se agota el tiempo.

vaso de precipitados:
Es una jarra de cristal o plástico con un pico que se usa para medir y verter líquidos.

Índice

Sitios en la Internet

www.sciencemadesimple.com
http://school.discoveryeducation.com
http://scifun.chem.wisc.edu

Acerca de la autora

A Kelli Hicks le encanta escribir libros para niños. También le gusta aprender acerca de la ciencia y la naturaleza. Usa instrumentos para arreglar cosas en su casa y trabajar en el patio. Actualmente vive en Tampa con su esposo, sus hijos Mackenzie y Barrett, y su perrito Gingerbread.